BEI GRIN MACHT SICH IHR WISSEN BEZAHLT

- Wir veröffentlichen Ihre Hausarbeit,
  Bachelor- und Masterarbeit

- Ihr eigenes eBook und Buch -
  weltweit in allen wichtigen Shops

- Verdienen Sie an jedem Verkauf

Jetzt bei www.GRIN.com hochladen
und kostenlos publizieren

Jan Horak

Täter oder Opfer? - Die Rolle der Presse im Dritten Reich

GRIN Verlag

Bibliografische Information der Deutschen Nationalbibliothek:

Die Deutsche Bibliothek verzeichnet diese Publikation in der Deutschen National-
bibliografie; detaillierte bibliografische Daten sind im Internet über http://dnb.d-
nb.de/ abrufbar.

Impressum:

Copyright © 2008 GRIN Verlag, Open Publishing GmbH
Druck und Bindung: Books on Demand GmbH, Norderstedt Germany
ISBN: 978-3-640-80258-6

Dieses Buch bei GRIN:

http://www.grin.com/de/e-book/164929/taeter-oder-opfer-die-rolle-der-presse-im-
dritten-reich

GRIN - Your knowledge has value

Der GRIN Verlag publiziert seit 1998 wissenschaftliche Arbeiten von Studenten, Hochschullehrern und anderen Akademikern als eBook und gedrucktes Buch. Die Verlagswebsite www.grin.com ist die ideale Plattform zur Veröffentlichung von Hausarbeiten, Abschlussarbeiten, wissenschaftlichen Aufsätzen, Dissertationen und Fachbüchern.

Besuchen Sie uns im Internet:

http://www.grin.com/

http://www.facebook.com/grincom

http://www.twitter.com/grin_com

Universität Hamburg
Institut für Medien und Kommunikation

Wintersemester 2007/2008
MuK E1 Seminar Ia
Das Mediensystem der Bundesrepublik

Täter oder Opfer?
Die Rolle der Presse im Dritten Reich

Jan Horak

Studiengang: Medien- und Kommunikationswissenschaft
Fachsemester 1

Inhalt

1. Vorwort

„Sollte man ausschließlich die politisch[en] und militärischen Vordergrundsfiguren des Regimes zur Rechenschaft ziehen, die jetzt in einem Hotel-Gefängnis versammelt sind? Was ist mit [...] den Journalisten der Nazi-Presse, den Zeitschriften-Herausgebern, die zwölf Jahre lang das Volk mit den verderblichsten geistigen Drogen fütterten und verdarben? Sind sie keine Kriegsverbrecher? Sind sie nicht vielleicht die strafbarsten?" – Thomas Mann, Sommer 1945.[1]

Thomas Mann stellte sich diese Fragen im Sommer 1945 vor dem Hintergrund der Nürnberger Gerichtsverfahren, in denen den überlebenden Vertretern der nationalsozialistischen Führungsriege der Prozess gemacht wurde. Doch der bekannte Exilant und Gegner des NS-Regimes war nicht der einzige. In den Folgejahren und bis in die Gegenwart wurde die „Schuldfrage" in Bezug auf die Presse immer wieder gestellt und von zahlreichen Historikern und Publizistikwissenschaftlern untersucht. Diese Arbeit erhebt infolge dessen und aufgrund des eng bemessenen Rahmens nicht den Anspruch, neue Forschungsergebnisse zu liefern. Vielmehr sollen ein Überblick über die Pressepolitik der Nationalsozialisten und Einblicke in die veränderten Arbeitsbedingungen der Redakteure geboten werden. Da es sich um einen sehr komplexen und aufgrund der zahlreichen betroffenen persönlichen Schicksale in starkem Maße emotionsgeladenen Teil deutscher Geschichte handelt, ist eine wertfreie, ausschließlich an historischen Tatsachen orientierte Darstellungsweise jedoch nur bedingt geeignet. Denn die Antwort auf die Frage, ob die deutsche Presse im Dritten Reich eher in der Täter- oder in der Opferrolle zu sehen ist, lässt sich kaum durch die undifferenzierte Einzelbetrachtung historischer Ereignisse ermitteln. Die folgenden Ausführungen sollen den Leser vielmehr in die Lage versetzen, sich sowohl auf Basis der gelieferten Fakten als auch unter Berücksichtigung der aus den skizzierten Entwicklungen resultierenden Konsequenzen für die involvierten „Zeitungsmacher" – für die Menschen hinter der „Institution Presse" – selbst ein Urteil zu bilden.

---

[1] Zitiert nach: Frei, Norbert; Schmitz; Johannes: Journalismus im Dritten Reich. München: Verlag C.H. Beck 1989, S. 7.

2.   Die deutsche Presse zum Zeitpunkt der Machtübernahme

Die Massenmedien – und stellvertretend für diese die Presse – werden oft als „vierte Gewalt im Staat" bezeichnet. Im Idealfall stellen sie eine zusätzliche unabhängige Kontrollinstanz für politische und gesellschaftliche Vorgänge dar. Umso verwunderlicher mag es auf den ersten Blick erscheinen, mit welcher Leichtigkeit und mit welcher durchdringenden Konsequenz es den Nationalsozialisten möglich war, die Medien zu manipulieren. Die ab 1933 Schritt für Schritt durchgeführten massiven Eingriffe in die redaktionellen und verlegerischen Strukturen müssen allerdings immer vor dem Hintergrund der Situation der deutschen Presse während der Weimarer Republik gesehen werden, wurden doch teilweise schon in dieser Epoche die Grundlagen für die weitere nationalsozialistische Pressepolitik gelegt.[2]

Presselenkung und -verstaatlichung sind keine nationalsozialistischen Konstrukte, und auch „die per Gesetz abgesicherte Einschränkung der Pressefreiheit durch das NS-Regime kann nicht als Novum bezeichnet werden"[3]. Die Weimarer Verfassung von 1919 garantierte zwar Meinungsfreiheit als Individualrecht, jedoch keinen allgemeingültigen Schutz der Pressefreiheit. Die durch die angespannte wirtschaftliche Lage und die allgemeine Unzufriedenheit mit dem „Schandfrieden von Versailles" verursachte Radikalisierung der politischen Gruppen und ihrer Presseorgane führte zu einer sich schrittweise vollziehenden Beschneidung dieses demokratischen Grundrechts durch Notverordnungen und Republikschutzgesetze. Es muss jedoch erwähnt werden, dass diese Eingriffe nicht ausschließlich kritisch gesehen wurden. So „ertönte bei jeder Gelegenheit der Ruf nach der hilfreichen Hand des Staates"[4] um die auch für viele Verleger durch inflationäre Preiserhöhungen für Papier und Druckmaschinen angespannte finanzielle Situation überstehen zu können. Diese wirtschaftliche und politische Abhängigkeit vom Wohlwollen des Staatsapparats wurde oftmals in Kauf genommen. Während sowohl die radikale rechte als auch in besonderem Maße die linke Parteipresse starken Repressionsmaßnahmen ausgesetzt waren, zeichneten sich die großen „Volkszeitungen" vor allem durch

---

[2] Vgl. Wilke, Jürgen: Pressegeschichte. In: Noelle-Neumann, Elisabeth; Schulz, Winfried; Wilke, Jürgen (Hg.): Fischer Lexikon Publizistik/Massenkommunikation. Frankfurt am Main: Fischer Taschenbuch Verlag 2004, S. 480.
[3] Müsse, Wolfgang: Die Reichspresseschule – Journalisten für die Diktatur? Ein Beitrag zur Geschichte des Journalismus im Dritten Reich, in: Bohrmann, Hans; Toepser-Ziegert, Gabriele (Hg.): Dortmunder Beiträge zur Zeitungsforschung, Band 53. München [u.a.]: K.G. Saur 1995, S. 21.
[4] Müsse: Die Reichspresseschule, S. 20.

„[o]brigkeitsstaatliches Denken" aus[5]. Es kann also durchaus von einer „Tradition der Einflussnahme" des Staates auf die Presse gesprochen werden; die Nationalsozialisten fanden bei der Machtübernahme 1933 ein gut funktionierendes Kontrollsystem vor, welches ihnen höchst gelegen kam. Weder die konservative noch die liberale Presse erkannte zunächst diese Gefahr. Während konservative Blätter den Machtwechsel zunächst sogar begrüßten und sich in Loyalitätsbekundungen an die NS-Regierung ergingen, wurden die politischen Entwicklungen von der bürgerlichen Presse zu Beginn fehlgedeutet und kleingeredet[6].

3. Nationalsozialistische Presselenkung

Sofort nach der Machtübernahme gab es umfassende Bemühungen, nicht nur jeglichen verbliebenen publizistischen Widerstand auszumerzen, sondern die Presse auf sämtlichen Ebenen komplett zu kontrollieren und für Propagandazwecke zu missbrauchen.[7] Die im Folgenden genannten Maßnahmen hatten fast ohne Ausnahme massive Auswirkungen auf den redaktionellen Alltag und tragen somit einen wichtigen Teil zum Verständnis der Rolle der Journalisten im Machtgefüge des Dritten Reiches bei.

3.1 Rechtlich-Institutionelle Kontrolle

Unter rechtlich-institutioneller Kontrolle werden „alle Maßnahmen [verstanden], die auf einer formal gesetzlichen Grundlage Institute und Institutionen der Überwachung und Kontrolle der Presse schaffen".[8] Zunächst wurde mit dem „Reichsministerium für Volksaufklärung und Propaganda" (RMVP) am 13.03.1933 eine Institution geschaffen, deren Aufgabe die lückenlose Kontrolle der Medien und ihre vollkommene Durchdringung mit nationalsozialistischer Propaganda war. Die Enteignung kommunistischer Verlage erfolgte auf Grundlage des „Gesetz über die Einziehung kommunistischen Vermögens" (in Kraft getreten am 26.05.1933), die der dem NS-

---

[5] Müsse: Die Reichspresseschule, S. 21.
[6] Vgl. Frei; Schmitz: Journalismus im Dritten Reich, S. 9-19.
[7] Vgl. Wilke: Pressegeschichte, S. 482-492.
[8] Toepser-Ziegert, Gabriele: Die Existenz der Journalisten unter den Bedingungen der Diktatur 1933-1945. In: Christoph Studt (Hg.): „Diener des Staates" oder „Widerstand zwischen den Zeilen"? Die Rolle der Presse im Ditten Reich. Berlin: LIT Verlag 2007, S. 79.

Regime ebenfalls ablehnend gegenüberstehende sozialdemokratische Presse wurde mit dem „Gesetz über die Einziehung volks- und staatsfeindlichen Vermögens" (in Kraft getreten am 14.07.1933) ebenfalls kalt gestellt. Am 01.01.1934 folgte mit dem so genannten „Schriftleitergesetz" der bislang massivste Eingriff in die journalistische Arbeitswelt. Alle Redakteure mussten nun arische Abstammung und politische Zuverlässigkeit nachweisen können, um im Amt bleiben zu dürfen. Vergehen gegen diese Auflagen wurden vor dem neu geschaffenen Berufsgericht verhandelt, dessen Mitglieder allesamt von Goebbels ernannt wurden. Des Weiteren wurden mit sofortiger Wirkung die Aufgabenbereiche von Redaktion und Verlegern scharf getrennt, so dass die Verlage keinerlei Einfluss mehr auf das hatten, was in den von ihnen vertriebenen Zeitungen publiziert wurde. Auf Regierungsseite wurden die für die Presselenkung relevanten Positionen auf lediglich drei Personen konzentriert. *Joseph Goebbels* vereinte die Aufgabenbereiche des Reichsministers für Volksaufklärung und Propaganda, des Reichspropagandaleiters der NSDAP und des Präsidenten der Reichskulturkammer, *Otto Dietrich* übernahm die Posten des Reichspressechefs und des Staatssekretärs der Abteilung Presse des RMVP. *Max Amann*, Präsident der Reichspressekammer, fiel zusätzlich die Position des Reichsleiters für die Parteipresse der NSDAP zu. Diese Straffung und Zusammenfassung der Kompetenzbereiche hatte zwar ursprünglich eine Effektivitätssteigerung der Presselenkung zum Ziel, erreichte aber durch die entstehenden Rivalitäten und Kompetenzstreitigkeiten der drei Hauptakteure oftmals genau das Gegenteil (vgl. 4.2).[9]

3.2 Ökonomische Kontrolle

Auf wirtschaftlicher Ebene erfolgte die Kontrolle primär auf Basis der genannten Enteignungsgesetze. Diese ermöglichten es, unliebsame Verlage zu zerschlagen und die dadurch gewonnenen materiellen Ressourcen dem NSDAP-Zentralverlag zukommen zu lassen. Die am 24.04.1935 in Kraft getretenen Anordnungen „zur Schließung von Zeitungsverlagen zwecks Beseitigung ungesunder Wettbewerbsverhältnisse", „zur Beseitigung der Skandalpresse" und „zur Wahrung der Unabhängigkeit des Verlagswesens", hatten zur Folge, dass Verlage und Redaktionen nun auch unter dem

---

[9] Vgl. Abel, Karl-Dietrich: Presselenkung im NS-Staat. Eine Studie zur Geschichte der Publizistik in der nationalsozialistischen Zeit. Berlin: Colloquium Verlag 1968, S. 13-22.

Vorwand der „Unwirtschaftlichkeit" geschlossen werden konnten, zudem durfte jeder Privatverleger nur noch jeweils eine Zeitung herausgeben. Diese Regelung galt jedoch selbstverständlich nicht für den staatlichen NSDAP-Zentralverlag. Verlage, die der Zerschlagung entgehen wollten, mussten unter Schließungsdrohungen mindestens 51% ihrer Geschäftsanteile an den Zentralverlag abtreten und wurden somit auf diesem Umweg ebenfalls der NS-Propagandamaschinerie einverleibt. In den Kriegsjahren wurde zusätzlich die Papierrationierung zum probaten Mittel, um den Verlagen ihre wirtschaftliche Abhängigkeit von der Regierung zu demonstrieren. Die Maßnahmen führten dazu, dass sich 1944 gut 80% der deutschen Zeitungslandschaft in NSDAP-Hand befand.

3.3 Inhaltliche Kontrolle

Auch die Zeitungsredaktionen wurden Opfer umfassender inhaltlicher Gleichschaltungsmaßnahmen. So wurden am 01.01.1934 in einem ersten Schritt die beiden Nachrichtenagenturen „Wolffsches Telegraphenbüro" und „Telegraphen Union" verstaatlicht und zum „Deutschen Nachrichtenbüro" (DNB) zusammengefasst. Das DNB übermittelte den Schriftleitern in der Folge die vom RMVP herausgegebenen und für die Redaktionen verbindlichen Auflagenmeldungen. Weitere inhaltliche Weisungen und „Empfehlungen" erhielten geladene Journalisten zudem auf den im Berliner RMVP abgehaltenen „Reichspressekonferenzen" (vgl. 4.1). 1940 kam es zur Einführung der wörtlich festgeschriebenen Tagesparole, welche den Redaktionen nun nicht mehr nur den Inhalt der zu veröffentlichenden Artikel vorgab, sondern auch den von der Regierung bzw. vom RMVP gewünschten Wortlaut beinhaltete. Dies führte in letzter Konsequenz zu einer weitestgehenden Uniformierung der deutschen Presselandschaft.

4.   Widerstand unmöglich?

„Ein anständiger Journalist, der noch ein Ehrgefühl im Leibe hat, kann sich unmöglich mit den Praktiken der Presseabteilung der Reichsregierung einverstanden erklären. Der Journalismus wird hier geschurigelt, als wenn er sich noch in der Vorschule befände." – Joseph Goebbels, April 1943.[10]

Selbst Joseph Goebbels verkannte nicht die drastischen Auswirkungen, die die Gleichschaltung der deutschen Presse auf die Existenzbedingungen der Redakteure und somit auch auf die Qualität der Presseerzeugnisse hatten. Dass diese Maßnahmen im Regelfall gegen den Willen der betroffenen Verleger und Journalisten vonstatten gehen mussten, liegt auf der Hand. Um zu verdeutlichen, warum es trotzdem kaum nennenswerten Widerstand gegeben hat, soll das Hauptaugenmerk nun auf den unmittelbaren Folgen der Presselenkung für den journalistischen Alltag liegen.

4.1   Die „Reichspressekonferenz" als Lenkungsorgan

Die von Joseph Goebbels meist persönlich geleiteten täglichen „Reichspressekonferenzen" des RMVP dienten zwar primär der Vermittlung der Auflagenmeldungen und Tagesparolen, stellten jedoch auch ein hervorragendes Instrument zur Kontrolle und Einschüchterung der anwesenden Pressevertreter dar.[11]

Eine „Pressekonferenz der Heeresleitung" hatte es schon im dem Ersten Weltkrieg gegeben, um die Presse über den Kriegsverlauf zu informieren. Während der Weimarer Republik übernahmen die Journalisten diese Einrichtung und luden wiederholt Regierungsvertreter ein, um diesen die Gelegenheit zu geben, Stellungnahme zu aktuellen politischen Themen zu beziehen. Mit der Einrichtung der „Reichspressekonferenz" im September 1939 verkehrten die Nationalsozialisten diesen Umstand ins Gegenteil: Die Konferenzen wurden nun vom RMVP abgehalten, die teilnehmenden Journalisten (Vertreter in Berlin ansässiger Zeitungen sowie Korrespondenten der wichtigsten überregionalen Zeitungen) nach verschärften Kriterien ausgewählt und eingeladen.[12] Es muss betont werden, dass der Begriff der „Konferenz" irreführend gewählt ist, da während dieser Veranstaltungen zu keiner Zeit eine Diskussion stattfand. Es handelte sich vielmehr um ein Diktat von Informationen, Weisungen und Empfehlungen, „von denen jeder Journalist wußte [sic!], daß ihre

---

[10] Zitiert nach: Abel: Presselenkung im NS-Staat, S. 60.
[11] Vgl. Abel: Presselenkung im NS-Staat, S. 37-50.
[12] Vgl. Kohlmann-Viand, Doris: NS-Pressepolitik im Zweiten Weltkrieg. Die ‚Vertraulichen Informationen' als Mittel der Presselenkung. München [u.a.]: K.G. Saur 1991, S. 69-76.

Nichtbeachtung ernste Folgen haben würde, auch ohne daß diese Tatsache zunächst offen ausgesprochen wurde".[13]

4.2 Sanktionsdrohungen und redaktionelle Realität

Verstieß ein Redakteur gegen die vom RMVP postulierten Weisungen, musste er mit „einem Berufsgerichtsverfahren mit den abgestuften Bestrafungsmöglichkeiten der Verwarnung, der Geldbuße oder gar der Untersagung der Berufsausübung"[14] rechnen. Neben diesem „offiziellen" Strafkatalog bestand während des Krieges immer die Gefahr, von der redaktionellen Mitarbeit entbunden und an die Front versetzt zu werden. Es ist vielfach überliefert, dass auch während der Reichspressekonferenzen einzelne Schriftleiter unter der Androhung von „schärferen Konsequenzen" öffentlich getadelt wurden.[15] Diese schwammig formulierten Drohungen und das durch die Kompetenzstreitigkeiten zwischen Goebbels, Amann und Dietrich entstandene Lenkungswirrwarr verstärkten die Unsicherheit auf Seiten der „Befehlsempfänger" noch und erzeugten eine permanente Atmosphäre der Angst.

In den Redaktionen wurde mit dieser Extremsituation auf verschiedene Weise umgegangen. Erreichten die Repressionen ihr Ziel, schlug sich die „Angst, gegen geschriebene und ungeschriebene Gebote der Presselenker zu verstoßen, [...] in ‚öden Lobeshymnen' oder journalistischer Sprachlosigkeit nieder".[16] Dies und die im Verlauf des Krieges durch die Papierknappheit verursachte Reduzierung der Ausgaben auf wenige Seiten führten rasch dazu, dass sich die großen deutschen Zeitungen „mit Auslandsgeltung wie die *Deutsche Allgemeine Zeitung* kaum noch von einer Provinzzeitung [...] unterschied[en]".[17] Aus Angst um die eigene Position war in den meisten Redaktionen an offenen Widerstand nicht zu denken, „wenn nicht die Existenz der Zeitung und die persönliche Freiheit des Schreibenden gefährdet werden sollten".[18] Ein Komplettausstieg aus dem Berufsfeld Presse kam besonders in den Kriegsjahren für die meisten Zeitungsmacher aus nahe liegenden Gründen der Existenzsicherung nicht in Betracht. So wichen viele in die Randbereiche des Journalismus aus, „in denen die Instrumentalisierungsabsichten [...] deutlich geringer waren als im Bereich der

---

[13] Abel: Presselenkung im NS-Staat, S. 39.
[14] Abel: Presselenkung im NS-Staat, S. 70.
[15] Vgl. Kohlmann-Viand, Doris: NS-Pressepolitik im Zweiten Weltkrieg. Die ‚Vertraulichen Informationen' als Mittel der Presselenkung. München [u.a.]: K.G. Saur 1991, S. 120-122.
[16] Müsse: Die Reichspresseschule, S. 68.
[17] Kohlmann-Viand: NS-Pressepolitik im Zweiten Weltkrieg, S. 138.
[18] Frei; Schmitz: Journalismus im Dritten Reich, S. 129.

politischen Publizistik".[19] Redakteuren, welche gegen diese die Grundprinzipien des Journalismus aushebelnden Arbeitsbedingungen aufbegehren wollten, blieb lediglich der – wenn auch nur stark eingeschränkt mögliche – „Widerstand zwischen den Zeilen".

5. Der „Widerstand zwischen den Zeilen"

„Die Gewissensakrobaten unter uns sind der Meinung, daß jeder, der Augen habe, es zwischen den Zeilen lesen müsse, wie sehr ihre Feder sich sträube, die befohlenen Lügen niederzuschreiben. Ich kann mir nicht helfen, ich lese nichts zwischen den Zeilen." – Ruth Andreas-Friedrich, September 1938.[20]

Der Vorwurf der ehemaligen Mitarbeiterin des *Deutschen Verlags* wiegt schwer, stellt er doch die Wirksamkeit und sogar die Existenz jeder Form von beabsichtigter unterschwelliger Kritik grundlegend in Frage. Doch obwohl der Verweis auf den publizistischen Widerstand von zahlreichen Pressevertretern nach 1945 lediglich der Rechtfertigung der eigenen Passivität während der Herrschaft des NS-Regimes diente, lässt sich nicht bestreiten, dass es dieses Phänomen durchaus gegeben hat.[21] An dieser Stelle sei angemerkt, dass die Möglichkeit zum Widerstand nicht automatisch und in jedem Fall vorhanden war, sondern vielmehr von zahlreichen Faktoren abhing. So legte schon die politische Grundausrichtung eines Blattes die Rahmenbedingungen fest; die konservativen Blätter, die in weitaus geringerem Maße den Repressionen des Regimes ausgesetzt waren als die linke und die liberale Presse, konnten sich merklich mehr Offenheit erlauben. Auch das Ansehen der betreffenden Zeitung im In- und Ausland sowie ihre Auflagenstärke spielten eine Rolle. Ob und in welcher Form unterschwellige Kritik geübt wurde, lag jedoch primär im persönlichen Ermessen des jeweiligen Journalisten; viele wurden durch die – durchaus berechtigte – Angst vor Verfolgung oder Berufsverbot abgeschreckt. Welche Konsequenzen das Aufbegehren gegen die systematische Presselenkung im Einzelfall nach sich ziehen konnte und welche Widerstandslegenden viele Journalisten nach dem Krieg in die eigene Vergangenheit einflochten, zeigt eindrucksvoll das Beispiel des *Deutsche Rundschau*-Chefredakteurs Rudolf Pechel.

---

[19] Frei; Schmitz: Journalismus im Dritten Reich, S. 122.
[20] Frei; Schmitz: Journalismus im Dritten Reich, S. 121.
[21] Vgl. Frei; Schmitz: Journalismus im Dritten Reich, S. 121-135.

5.1 Rudolf Pechel: Ein Journalist gegen das System?

Rudolf Pechel galt nach dem Zweiten Weltkrieg lange Jahre als ein Publizist, „der auch unter dem Zwang totalitärer Verhältnisse den öffentlichen Widerspruch gewagt" hat.[22] Der 1882 in Güstrow geborene Pechel übernahm 1919 die Chefredaktion der konservativen „*Deutschen Rundschau*". Als einflussreiche Persönlichkeit mit zahlreichen Kontakten zu Vertretern der verschiedenen politischen Lager wurde Pechel nach 1933 permanent von der Gestapo observiert. In zahlreichen seiner Artikel in der *Deutschen Rundschau* lässt sich unterschwellige Kritik am NS-System finden; Pechel nutze hierzu oft passend ausgewählte historische Vergleiche sowie auf den ersten Blick unverfängliche Zitate von bekannten Philosophen.[23] Neben den publizistischen Widerstandsaktivitäten gelten seine „Verdienste um die Organisation geheimer Widerstandsgruppen" als unbestritten.[24] Als Rudolf Pechel im Januar 1942 einen kritischen Artikel zur Pressepolitik Joseph Goebbels' veröffentlichte, wurde er schließlich verhaftet. Nach Haftaufenthalten in diversen Gefängnissen und Konzentrationslagern kam Pechel schließlich nach Kriegsende frei, trat in die CDU ein und wurde Chefredakteur des Parteiblattes *Neue Zeit*. Für seinen publizistischen Widerstand während der nationalsozialistischen Herrschaft erhielt Rudolf Pechel im Jahr 1952 das Große Bundesverdienstkreuz.

Heute ist bekannt, dass Pechel sich selbst und seine Rolle im Pressesystem des Dritten Reiches nach dem Krieg gezielt glorifiziert hat, während dessen er sich über andere, weitaus unangenehmere Kapitel seines Journalistenlebens hartnäckig ausschwieg.[25] So galt die von Pechel geleitete *Deutsche Rundschau* schon vor 1933 als Forum für demokratiefeindliche Autoren, man „plädierte für einen deutschen Staat, in dem Ordnung, Sauberkeit und Zucht herrschen sollte[n]".[26] Von Kritik am Nationalsozialismus war Pechel zu diesem Zeitpunkt meilenweit entfernt, man könnte seinem Blatt durchaus eine gewisse ideologische Geistesverwandtschaft und ihm persönlich damit sogar publizistische Schützenhilfe bei der Etablierung des NS-Regimes unterstellen.

---

[22] Mauersberger, Volker: „Zwischen den Zeilen"? – Rudolf Pechel und sein publizistischer Kampf für Freiheit und Recht. In: Christoph Studt (Hg.): „Diener des Staates" oder „Widerstand zwischen den Zeilen"? Die Rolle der Presse im Dritten Reich. Berlin: LIT Verlag 2007, S. 175.
[23] Pechel, Rudolf: Zwischen den Zeilen. Der Kampf einer Zeitschrift für Freiheit und Recht 1932-1942. Wiesentheid: Droemersche Verlagsanstalt 1948.
[24] Mauersberger: „Zwischen den Zeilen", S. 175.
[25] Vgl. Mauersberger: „Zwischen den Zeilen", S. 175-181.
[26] Mauersberger: „Zwischen den Zeilen", S. 179.

6. Fazit

Besonders das Beispiel Rudolf Pechel zeigt deutlich, wie verworren die Situation der Presse und ihrer Vertreter während des Dritten Reiches gewesen ist, wie dicht beieinander Helden- und Mitläufertum mitunter gelegen haben und wie schwer es ist, sich auf der Basis sowohl historischer Fakten als auch von Erinnerungen und Behauptungen der involvierten Redakteure und Verleger eine differenzierte Meinung zur eingangs gestellten Schuldfrage zu bilden. Die Zeiten, in denen Printjournalisten noch als kreativ-kritische Weltverbesserer galten, waren mit der nationalsozialistischen Durchdringung der Presse vorbei. Degradiert zur Exekutive einer allumfassenden Propagandamaschinerie, waren sie zahlreichen staatlichen Repressionsmaßnahmen ausgesetzt, um die ihnen zugedachte Rolle im totalitären NS-Regime erfüllen zu können. Undifferenzierte Schuldzuweisungen sind daher genau so fehl am Platz wie der Versuch, jede noch so flüchtige Doppeldeutigkeit in den Presseveröffentlichungen jener Zeit als „Widerstand zwischen den Zeilen" zu interpretieren. Es gab sicherlich zahlreiche Journalisten, die im Rahmen der ihnen gegebenen Möglichkeiten Widerstand geübt haben. So lassen sich bei wohlwollender Interpretation in vielen Artikeln (vor allem im Feuilletonbereich) versteckte Ironie und durch historische Vergleiche getarnte Kritik am System finden. Doch genau hier liegt auch das Problem der Beurteilung dieser unterschwelligen Form des Widerspruchs: Ein kritischer Leser konnte ihn durchaus entdecken und auch als solchen begreifen. Die Frage jedoch, inwieweit dies aber tatsächlich immer von den verantwortlichen Redakteuren intendiert war, lässt sich nicht eindeutig beantworten. Es bleibt festzuhalten: Ernstzunehmender „Publizistischer ‚Widerstand' im Dritten Reich war die Sache einer wissenden Minderheit".[27]

---

[27] Frei; Schmitz: Journalismus im Dritten Reich, S. 133.

7. Literaturangaben

Abel, Karl-Dietrich: Presselenkung im NS-Staat. Eine Studie zur Geschichte der Publizistik in der nationalsozialistischen Zeit. Berlin: Colloquium Verlag 1968.

Bohrmann, Hans; Toepser-Ziegert, Gabriele (Hg.): Dortmunder Beiträge zur Zeitungsforschung, Band 53. München [u.a.]: K.G. Saur 1995.

Christoph Studt (Hg.): „Diener des Staates" oder „Widerstand zwischen den Zeilen"? Die Rolle der Presse im Ditten Reich. Berlin: LIT Verlag 2007.

Frei, Norbert; Schmitz; Johannes: Journalismus im Dritten Reich. München: Verlag C.H. Beck 1989.

Köhler, Otto: Wir Schreibmaschinentäter. Journalisten unter Hitler – und danach. Köln: Pahl-Rugenstein Verlag GmbH 1989.

Kohlmann-Viand, Doris: NS-Pressepolitik im Zweiten Weltkrieg. Die ‚Vertraulichen Informationen' als Mittel der Presselenkung. München [u.a.]: K.G. Saur 1991.

Noelle-Neumann, Elisabeth; Schulz, Winfried; Wilke, Jürgen (Hg.): Fischer Lexikon Publizistik/Massenkommunikation. Frankfurt am Main: Fischer Taschenbuch Verlag 2004.

Pechel, Rudolf: Zwischen den Zeilen. Der Kampf einer Zeitschrift für Freiheit und Recht 1932-1942. Wiesentheid: Droemersche Verlagsanstalt 1948.